AGENDA

2020

CE PLANIFICATEUR APPARTIENT À:

NOM:
ANNIVERSAIRE:
ADRESSE:
MOBILE:
É-MAIL:

OBJECTIFS 2020

LISTE D'ANNIVERSAIRE

NOM	DATE	NOM	DATE

2020

JAN 2020
LU	MA	ME	JE	VE	SA	DI
		1	2	3	4	5
6	7	8	9	10	11	12
13	14	15	16	17	18	19
20	21	22	23	24	25	26
27	28	29	30	31		

FÉV 2020
LU	MA	ME	JE	VE	SA	DI
					1	2
3	4	5	6	7	8	9
10	11	12	13	14	15	16
17	18	19	20	21	22	23
24	25	26	27	28	29	

MAR 2020
LU	MA	ME	JE	VE	SA	DI
						1
2	3	4	5	6	7	8
9	10	11	12	13	14	15
16	17	18	19	20	21	22
23	24	25	26	27	28	29
30	31					

AVR 2020
LU	MA	ME	JE	VE	SA	DI
		1	2	3	4	5
6	7	8	9	10	11	12
13	14	15	16	17	18	19
20	21	22	23	24	25	26
27	28	29	30			

MAI 2020
LU	MA	ME	JE	VE	SA	DI
				1	2	3
4	5	6	7	8	9	10
11	12	13	14	15	16	17
18	19	20	21	22	23	24
25	26	27	28	29	30	31

JUIN 2020
LU	MA	ME	JE	VE	SA	DI
1	2	3	4	5	6	7
8	9	10	11	12	13	14
15	16	17	18	19	20	21
22	23	24	25	26	27	28
29	30					

JUIL 2020
LU	MA	ME	JE	VE	SA	DI
		1	2	3	4	5
6	7	8	9	10	11	12
13	14	15	16	17	18	19
20	21	22	23	24	25	26
27	28	29	30	31		

AOÛT 2020
LU	MA	ME	JE	VE	SA	DI
					1	2
3	4	5	6	7	8	9
10	11	12	13	14	15	16
17	18	19	20	21	22	23
24	25	26	27	28	29	30
31						

SEP 2020
LU	MA	ME	JE	VE	SA	DI
	1	2	3	4	5	6
7	8	9	10	11	12	13
14	15	16	17	18	19	20
21	22	23	24	25	26	27
28	29	30				

OCT 2020
LU	MA	ME	JE	VE	SA	DI
			1	2	3	4
5	6	7	8	9	10	11
12	13	14	15	16	17	18
19	20	21	22	23	24	25
26	27	28	29	30	31	

NOV 2020
LU	MA	ME	JE	VE	SA	DI
						1
2	3	4	5	6	7	8
9	10	11	12	13	14	15
16	17	18	19	20	21	22
23	24	25	26	27	28	29
30						

DÉC 2020
LU	MA	ME	JE	VE	SA	DI
	1	2	3	4	5	6
7	8	9	10	11	12	13
14	15	16	17	18	19	20
21	22	23	24	25	26	27
28	29	30	31			

JANVIER 2020

01	ME	
02	JE	
03	VE	
04	SA	
05	DI	
06	LU	02
07	MA	
08	ME	
09	JE	
10	VE	
11	SA	
12	DI	
13	LU	03
14	MA	
15	ME	
16	JE	
17	VE	
18	SA	
19	DI	
20	LU	04
21	MA	
22	ME	
23	JE	
24	VE	
25	SA	
26	DI	
27	LU	05
28	MA	
29	ME	
30	JE	
31	VE	

FÉVRIER

01	SA	
02	DI	
03	LU	06
04	MA	
05	ME	
06	JE	
07	VE	
08	SA	
09	DI	
10	LU	07
11	MA	
12	ME	
13	JE	
14	VE	
15	SA	
16	DI	
17	LU	08
18	MA	
19	ME	
20	JE	
21	VE	
22	SA	
23	DI	
24	LU	09
25	MA	
26	ME	
27	JE	
28	VE	
29	SA	

MARS

01	DI	
02	LU	10
03	MA	
04	ME	
05	JE	
06	VE	
07	SA	
08	DI	
09	LU	11
10	MA	
11	ME	
12	JE	
13	VE	
14	SA	
15	DI	
16	LU	12
17	MA	
18	ME	
19	JE	
20	VE	
21	SA	
22	DI	
23	LU	13
24	MA	
25	ME	
26	JE	
27	VE	
28	SA	
29	DI	
30	LU	14
31	MA	

AVRIL

01	ME	
02	JE	
03	VE	
04	SA	
05	DI	
06	LU	15
07	MA	
08	ME	
09	JE	
10	VE	
11	SA	
12	DI	
13	LU	16
14	MA	
15	ME	
16	JE	
17	VE	
18	SA	
19	DI	
20	LU	17
21	MA	
22	ME	
23	JE	
24	VE	
25	SA	
26	DI	
27	LU	18
28	MA	
29	ME	
30	JE	

MAI

01	VE	
02	SA	
03	DI	
04	LU	19
05	MA	
06	ME	
07	JE	
08	VE	
09	SA	
10	DI	
11	LU	20
12	MA	
13	ME	
14	JE	
15	VE	
16	SA	
17	DI	
18	LU	21
19	MA	
20	ME	
21	JE	
22	VE	
23	SA	
24	DI	
25	LU	22
26	MA	
27	ME	
28	JE	
29	VE	
30	SA	
31	DI	

JUIN

01	LU	23
02	MA	
03	ME	
04	JE	
05	VE	
06	SA	
07	DI	
08	LU	24
09	MA	
10	ME	
11	JE	
12	VE	
13	SA	
14	DI	
15	LU	25
16	MA	
17	ME	
18	JE	
19	VE	
20	SA	
21	DI	
22	LU	26
23	MA	
24	ME	
25	JE	
26	VE	
27	SA	
28	DI	
29	LU	27
30	MA	

		JUILLET				AOÛT	
01	ME			01	SA		
02	JE			02	DI		
03	VE			03	LU		32
04	SA			04	MA		
05	DI			05	ME		
06	LU		28	06	JE		
07	MA			07	VE		
08	ME			08	SA		
09	JE			09	DI		
10	VE			10	LU		33
11	SA			11	MA		
12	DI			12	ME		
13	LU		29	13	JE		
14	MA			14	VE		
15	ME			15	SA		
16	JE			16	DI		
17	VE			17	LU		34
18	SA			18	MA		
19	DI			19	ME		
20	LU		30	20	JE		
21	MA			21	VE		
22	ME			22	SA		
23	JE			23	DI		
24	VE			24	LU		35
25	SA			25	MA		
26	DI			26	ME		
27	LU		31	27	JE		
28	MA			28	VE		
29	ME			29	SA		
30	JE			30	DI		
31	VE			31	LU		36

SEPTEMBRE

01	MA	
02	ME	
03	JE	
04	VE	
05	SA	
06	DI	
07	LU	37
08	MA	
09	ME	
10	JE	
11	VE	
12	SA	
13	DI	
14	LU	38
15	MA	
16	ME	
17	JE	
18	VE	
19	SA	
20	DI	
21	LU	39
22	MA	
23	ME	
24	JE	
25	VE	
26	SA	
27	DI	
28	LU	40
29	MA	
30	ME	

OCTOBRE

01	JE	
02	VE	
03	SA	
04	DI	
05	LU	41
06	MA	
07	ME	
08	JE	
09	VE	
10	SA	
11	DI	
12	LU	42
13	MA	
14	ME	
15	JE	
16	VE	
17	SA	
18	DI	
19	LU	43
20	MA	
21	ME	
22	JE	
23	VE	
24	SA	
25	SA	
26	LU	44
27	MA	
28	ME	
29	JE	
30	VE	
31	SA	

NOVEMBRE

01	DI	
02	LU	45
03	MA	
04	ME	
05	JE	
06	VE	
07	SA	
08	DI	
09	LU	46
10	MA	
11	ME	
12	JE	
13	VE	
14	SA	
15	DI	
16	LU	47
17	MA	
18	ME	
19	JE	
20	VE	
21	SA	
22	DI	
23	LU	48
24	MA	
25	ME	
26	JE	
27	VE	
28	SA	
29	DI	
30	LU	49

DÉCEMBRE

01	MA	
02	ME	
03	JE	
04	VE	
05	SA	
06	DI	
07	LU	50
08	MA	
09	ME	
10	JE	
11	VE	
12	SA	
13	DI	
14	LU	51
15	MA	
16	ME	
17	JE	
18	VE	
19	SA	
20	DI	
21	LU	52
22	MA	
23	ME	
24	JE	
25	VE	
26	SA	
27	DI	
28	LU	53
29	MA	
30	ME	
31	JE	

DÉC 2019

LU	MA	ME	JE	VE	SA	DI
						1
2	3	4	5	6	7	8
9	10	11	12	13	14	15
16	17	18	19	20	21	22
23	24	25	26	27	28	29
30	31					

JANVIER

LUNDI	MARDI	MERCREDI
30	31	1
6	7	8
13	14	15
20	21	22
27	28	29

TO DO'S

- _____ ☐
- _____ ☐
- _____ ☐
- _____ ☐
- _____ ☐
- _____ ☐
- _____ ☐
- _____ ☐

FÉV 2020

LU	MA	ME	JE	VE	SA	DI
					1	2
3	4	5	6	7	8	9
10	11	12	13	14	15	16
17	18	19	20	21	22	23
24	25	26	27	28	29	

2020

JEUDI	VENDREDI	SAMEDI	DIMANCHE
2	3	4	5
9	10	11	12
16	17	18	19
23	24	25	26
30	31	1	2

 SEMAINE 01

LUNDI
30
DÉCEMBRE

MARDI
31
DÉCEMBRE

MERCREDI
01
JANVIER

JEUDI
02
JANVIER

DÉCEMBRE 2019 — JANVIER 2020

VENDREDI

03
JANVIER

SAMEDI

04
JANVIER

DIMANCHE

05
JANVIER

 SEMAINE 02

LUNDI
06
JANVIER

MARDI
07
JANVIER

MERCREDI
08
JANVIER

JEUDI
09
JANVIER

JANVIER 2020

VENDREDI
10
JANVIER

SAMEDI
11
JANVIER

DIMANCHE
12
JANVIER

 SEMAINE 03

LUNDI
13
JANVIER

MARDI
14
JANVIER

MERCREDI
15
JANVIER

JEUDI
16
JANVIER

JANVIER 2020

VENDREDI
17
JANVIER

SAMEDI
18
JANVIER

DIMANCHE
19
JANVIER

 SEMAINE 04

LUNDI
20
JANVIER

MARDI
21
JANVIER

MERCREDI
22
JANVIER

JEUDI
23
JANVIER

JANVIER 2020

VENDREDI
24
JANVIER

SAMEDI
25
JANVIER

DIMANCHE
26
JANVIER

 SEMAINE 05

LUNDI
27
JANVIER

MARDI
28
JANVIER

MERCREDI
29
JANVIER

JEUDI
30
JANVIER

JANVIER — FÉVRIER 2020

VENDREDI
31
JANVIER

SAMEDI
01
FÉVRIER

DIMANCHE
02
FÉVRIER

FÉVRIER

JAN 2020
LU MA ME JE VE SA DI
			1	2	3	4	5
6	7	8	9	10	11	12
13	14	15	16	17	18	19
20	21	22	23	24	25	26
27	28	29	30	31

LUNDI	MARDI	MERCREDI
26	27	28
3	4	5
10	11	12
17	18	19
24	25	26

TO DO'S
- ☐
- ☐
- ☐
- ☐
- ☐
- ☐
- ☐
- ☐
- ☐

MAR 2020
LU MA ME JE VE SA DI
						1
2	3	4	5	6	7	8
9	10	11	12	13	14	15
16	17	18	19	20	21	22
23	24	25	26	27	28	29
30	31

2020

JEUDI	VENDREDI	SAMEDI	DIMANCHE
29	30	1	2
6	7	8	9
13	14	15	16
20	21	22	23
27	28	29	

 SEMAINE 06

LUNDI 03 FÉVRIER

MARDI 04 FÉVRIER

MERCREDI 05 FÉVRIER

JEUDI 06 FÉVRIER

FÉVRIER 2020

VENDREDI
07
FÉVRIER

SAMEDI
08
FÉVRIER

DIMANCHE
09
FÉVRIER

# SEMAINE 07

LUNDI
10
février

MARDI
11
février

MERCREDI
12
février

JEUDI
13
février

FÉVRIER 2020

VENDREDI
14
FÉVRIER

SAMEDI
15
FÉVRIER

DIMANCHE
16
FÉVRIER

 SEMAINE 08

LUNDI 17 FÉVRIER

MARDI 18 FÉVRIER

MERCREDI 19 FÉVRIER

JEUDI 20 FÉVRIER

FÉVRIER 2020

VENDREDI 21 février

SAMEDI 22 février

DIMANCHE 23 février

 SEMAINE 09

LUNDI
24
février

MARDI
25
février

MERCREDI
26
février

JEUDI
27
février

FÉVRIER — MARS 2020

VENDREDI
28
FÉVRIER

SAMEDI
29
FÉVRIER

DIMANCHE
01
MARS

MARS

FÉV 2020
LU	MA	ME	JE	VE	SA	DI
					1	2
3	4	5	6	7	8	9
10	11	12	13	14	15	16
17	18	19	20	21	22	23
24	25	26	27	28	29	

LUNDI	MARDI	MERCREDI
24	25	26
2	3	4
9	10	11
16	17	18
23	24	25
30	31	

TO DO'S

AVR 2020
LU	MA	ME	JE	VE	SA	DI
		1	2	3	4	5
6	7	8	9	10	11	12
13	14	15	16	17	18	19
20	21	22	23	24	25	26
27	28	29	30			

2020

JEUDI	VENDREDI	SAMEDI	DIMANCHE
27	28	29	1
5	6	7	8
12	13	14	15
19	20	21	22
26	27	28	29

 SEMAINE 10

LUNDI
02
MARS

MARDI
03
MARS

MERCREDI
04
MARS

JEUDI
05
MARS

MARS 2020

VENDREDI
06
MARS

SAMEDI
07
MARS

DIMANCHE
08
MARS

 SEMAINE 11

LUNDI
09
MARS

MARDI
10
MARS

MERCREDI
11
MARS

JEUDI
12
MARS

MARS 2020

VENDREDI
13
MARS

SAMEDI
14
MARS

DIMANCHE
15
MARS

 SEMAINE 12

LUNDI
16
MARS

MARDI
17
MARS

MERCREDI
18
MARS

JEUDI
19
MARS

MARS 2020

VENDREDI
20
MARS

SAMEDI
21
MARS

DIMANCHE
22
MARS

 SEMAINE 13

LUNDI
23
MARS

MARDI
24
MARS

MERCREDI
25
MARS

JEUDI
26
MARS

MARS 2020

VENDREDI
27
MARS

SAMEDI
28
MARS

DIMANCHE
29
MARS

AVRIL

MAR 2020
LU	MA	ME	JE	VE	SA	DI
						1
2	3	4	5	6	7	8
9	10	11	12	13	14	15
16	17	18	19	20	21	22
23	24	25	26	27	28	29
30	31					

LUNDI	MARDI	MERCREDI
30	31	1
6	7	8
13	14	15
20	21	22
27	28	29

TO DO'S

- [ ]
- [ ]
- [ ]
- [ ]
- [ ]
- [ ]
- [ ]
- [ ]
- [ ]

MAI 2020
LU	MA	ME	JE	VE	SA	DI
				1	2	3
4	5	6	7	8	9	10
11	12	13	14	15	16	17
18	19	20	21	22	23	24
25	26	27	28	29	30	31

2020

JEUDI	VENDREDI	SAMEDI	DIMANCHE
2	3	4	5
9	10	11	12
16	17	18	19
23	24	25	26
30	1	2	3

 SEMAINE 14

LUNDI
30
MARS

MARDI
31
MARS

MERCREDI
01
AVRIL

JEUDI
02
AVRIL

MARS — AVRIL 2020

VENDREDI
03
AVRIL

SAMEDI
04
AVRIL

DIMANCHE
05
AVRIL

 **SEMAINE 15**

LUNDI
06
AVRIL

MARDI
07
AVRIL

MERCREDI
08
AVRIL

JEUDI
09
AVRIL

AVRIL 2020

VENDREDI
10
AVRIL

SAMEDI
11
AVRIL

DIMANCHE
12
AVRIL

# SEMAINE 16

LUNDI 13 AVRIL

MARDI 14 AVRIL

MERCREDI 15 AVRIL

JEUDI 16 AVRIL

AVRIL 2020

VENDREDI
17
AVRIL

SAMEDI
18
AVRIL

DIMANCHE
19
AVRIL

 SEMAINE 17

LUNDI
20
AVRIL

MARDI
21
AVRIL

MERCREDI
22
AVRIL

JEUDI
23
AVRIL

AVRIL 2020

VENDREDI
24
AVRIL

SAMEDI
25
AVRIL

DIMANCHE
26
AVRIL

 SEMAINE 18

LUNDI
27
AVRIL

MARDI
28
AVRIL

MERCREDI
29
AVRIL

JEUDI
30
AVRIL

AVRIL – MAI 2020

VENDREDI
01
MAI

SAMEDI
02
MAI

DIMANCHE
03
MAI

AVR 2020

LU	MA	ME	JE	VE	SA	DI
		1	2	3	4	5
6	7	8	9	10	11	12
13	14	15	16	17	18	19
20	21	22	23	24	25	26
27	28	29	30			

MAI

LUNDI	MARDI	MERCREDI
27	28	29
4	5	6
11	12	13
18	19	20
25	26	27

TO DO'S

- ☐
- ☐
- ☐
- ☐
- ☐
- ☐
- ☐
- ☐

JUIN 2020

LU	MA	ME	JE	VE	SA	DI
1	2	3	4	5	6	7
8	9	10	11	12	13	14
15	16	17	18	19	20	21
22	23	24	25	26	27	28
29	30					

2020

JEUDI	VENDREDI	SAMEDI	DIMANCHE
30	1	2	3
7	8	9	10
14	15	16	17
21	22	23	24
28	29	30	31

 SEMAINE 19

LUNDI 04 MAI

MARDI 05 MAI

MERCREDI 06 MAI

JEUDI 07 MAI

MAI 2020

VENDREDI
08
MAI

SAMEDI
09
MAI

DIMANCHE
10
MAI

 SEMAINE 20

LUNDI
11
MAI

MARDI
12
MAI

MERCREDI
13
MAI

JEUDI
14
MAI

MAI 2020

VENDREDI
15
MAI

SAMEDI
16
MAI

DIMANCHE
17
MAI

 SEMAINE 21

LUNDI 18 MAI

MARDI 19 MAI

MERCREDI 20 MAI

JEUDI 21 MAI

MAI 2020

VENDREDI
22
MAI

SAMEDI
23
MAI

DIMANCHE
24
MAI

 # SEMAINE 22

LUNDI
25
MAI

MARDI
26
MAI

MERCREDI
27
MAI

JEUDI
28
MAI

MAI 2020

VENDREDI
29
MAI

SAMEDI
30
MAI

DIMANCHE
31
MAI

MAI 2020

LU	MA	ME	JE	VE	SA	DI
				1	2	3
4	5	6	7	8	9	10
11	12	13	14	15	16	17
18	19	20	21	22	23	24
25	26	27	28	29	30	31

JUIN

LUNDI	MARDI	MERCREDI
1	2	3
8	9	10
15	16	17
22	23	24
29	30	1

TO DO'S

- ☐
- ☐
- ☐
- ☐
- ☐
- ☐
- ☐
- ☐
- ☐

JUIL 2020

LU	MA	ME	JE	VE	SA	DI
		1	2	3	4	5
6	7	8	9	10	11	12
13	14	15	16	17	18	19
20	21	22	23	24	25	26
27	28	29	30	31		

2020

JEUDI	VENDREDI	SAMEDI	DIMANCHE
4	5	6	7
11	12	13	14
18	19	20	21
25	26	27	28
2	3	4	5

 SEMAINE 23

LUNDI
01
JUIN

MARDI
02
JUIN

MERCREDI
03
JUIN

JEUDI
04
JUIN

JUIN 2020

VENDREDI
05
JUIN

SAMEDI
06
JUIN

DIMANCHE
07
JUIN

 SEMAINE 24

LUNDI
08
JUIN

MARDI
09
JUIN

MERCREDI
10
JUIN

JEUDI
11
JUIN

JUIN 2020

VENDREDI
12
JUIN

SAMEDI
13
JUIN

DIMANCHE
14
JUIN

 SEMAINE 25

LUNDI
15
JUIN

MARDI
16
JUIN

MERCREDI
17
JUIN

JEUDI
18
JUIN

JUIN 2020

VENDREDI
19
JUIN

SAMEDI
20
JUIN

DIMANCHE
21
JUIN

 SEMAINE 26

LUNDI
22
JUIN

MARDI
23
JUIN

MERCREDI
24
JUIN

JEUDI
25
JUIN

JUIN 2020

VENDREDI
26
JUIN

SAMEDI
27
JUIN

DIMANCHE
28
JUIN

 SEMAINE 27

LUNDI
29
JUIN

MARDI
30
JUIN

MERCREDI
01
JUILLET

JEUDI
02
JUILLET

JUIN — JUILLET 2020

VENDREDI
03
JUILLET

SAMEDI
04
JUILLET

DIMANCHE
05
JUILLET

JUILLET

JUIN 2020
LU	MA	ME	JE	VE	SA	DI
1	2	3	4	5	6	7
8	9	10	11	12	13	14
15	16	17	18	19	20	21
22	23	24	25	26	27	28
29	30					

AOÛT 2020
LU	MA	ME	JE	VE	SA	DI
					1	2
3	4	5	6	7	8	9
10	11	12	13	14	15	16
17	18	19	20	21	22	23
24	25	26	27	28	29	30
31						

TO DO'S

LUNDI	MARDI	MERCREDI
29	30	1
6	7	8
13	14	15
20	21	22
27	28	29

2020

JEUDI	VENDREDI	SAMEDI	DIMANCHE
2	3	4	5
9	10	11	12
16	17	18	19
23	24	25	26
30	31	1	2

 SEMAINE 28

LUNDI
06
JUILLET

MARDI
07
JUILLET

MERCREDI
08
JUILLET

JEUDI
09
JUILLET

JUILLET 2020

VENDREDI
10
JUILLET

SAMEDI
11
JUILLET

DIMANCHE
12
JUILLET

 SEMAINE 29

LUNDI
13
JUILLET

MARDI
14
JUILLET

MERCREDI
15
JUILLET

JEUDI
16
JUILLET

JUILLET 2020

VENDREDI 17 JUILLET

SAMEDI 18 JUILLET

DIMANCHE 19 JUILLET

 SEMAINE 30

LUNDI
20
JUILLET

MARDI
21
JUILLET

MERCREDI
22
JUILLET

JEUDI
23
JUILLET

JUILLET 2020

VENDREDI
24
JUILLET

SAMEDI
25
JUILLET

DIMANCHE
26
JUILLET

 SEMAINE 31

LUNDI 27 JUILLET

MARDI 28 JUILLET

MERCREDI 29 JUILLET

JEUDI 30 JUILLET

JUILLET – AOÛT 2020

VENDREDI
31
AOÛT

SAMEDI
01
AOÛT

DIMANCHE
02
AOÛT

AOÛT

JUIL 2020

LU	MA	ME	JE	VE	SA	DI
		1	2	3	4	5
6	7	8	9	10	11	12
13	14	15	16	17	18	19
20	21	22	23	24	25	26
27	28	29	30	31		

LUNDI	MARDI	MERCREDI
27	28	29
3	4	5
10	11	12
17	18	19
24	25	26
31		

TO DO'S

- ☐ _____
- ☐ _____
- ☐ _____
- ☐ _____
- ☐ _____
- ☐ _____
- ☐ _____
- ☐ _____
- ☐ _____

SEP 2020

LU	MA	ME	JE	VE	SA	DI
	1	2	3	4	5	6
7	8	9	10	11	12	13
14	15	16	17	18	19	20
21	22	23	24	25	26	27
28	29	30				

2020

JEUDI	VENDREDI	SAMEDI	DIMANCHE
30	31	1	2
6	7	8	9
13	14	15	16
20	21	22	23
27	28	29	30

 SEMAINE 32

LUNDI
03
AOÛT

MARDI
04
AOÛT

MERCREDI
05
AOÛT

JEUDI
06
AOÛT

AOÛT 2020

VENDREDI
07
AOÛT

SAMEDI
08
AOÛT

DIMANCHE
09
AOÛT

 SEMAINE 33

LUNDI 10 AOÛT

MARDI 11 AOÛT

MERCREDI 12 AOÛT

JEUDI 13 AOÛT

AOÛT 2020

VENDREDI
14
AOÛT

SAMEDI
15
AOÛT

DIMANCHE
16
AOÛT

 SEMAINE 34

LUNDI
17
AOÛT

MARDI
18
AOÛT

MERCREDI
19
AOÛT

JEUDI
20
AOÛT

AOÛT 2020

VENDREDI
21
AOÛT

SAMEDI
22
AOÛT

DIMANCHE
23
AOÛT

SEMAINE 35

LUNDI 24 AOÛT

MARDI 25 AOÛT

MERCREDI 26 AOÛT

JEUDI 27 AOÛT

AOÛT 2020

VENDREDI
28
AOÛT

SAMEDI
29
AOÛT

DIMANCHE
30
AOÛT

AOÛT 2020

LU	MA	ME	JE	VE	SA	DI
					1	2
3	4	5	6	7	8	9
10	11	12	13	14	15	16
17	18	19	20	21	22	23
24	25	26	27	28	29	30
31						

SEPTEMBRE

LUNDI	MARDI	MERCREDI
31	1	2
7	8	9
14	15	16
21	22	23
28	29	30

TO DO'S

☐
☐
☐
☐
☐
☐
☐
☐

OCT 2020

LU	MA	ME	JE	VE	SA	DI
			1	2	3	4
5	6	7	8	9	10	11
12	13	14	15	16	17	18
19	20	21	22	23	24	25
26	27	28	29	30	31	

2020

JEUDI	VENDREDI	SAMEDI	DIMANCHE
3	4	5	6
10	11	12	13
17	18	19	20
24	25	26	27
1	2	3	4

 SEMAINE 36

LUNDI
31
AOÛT

MARDI
01
SEPTEMBRE

MERCREDI
02
SEPTEMBRE

JEUDI
03
SEPTEMBRE

AOÛT — SEPTEMBRE 2020

VENDREDI
04
SEPTEMBRE

SAMEDI
05
SEPTEMBRE

DIMANCHE
06
SEPTEMBRE

SEMAINE 37

LUNDI 07 SEPTEMBRE

MARDI 08 SEPTEMBRE

MERCREDI 09 SEPTEMBRE

JEUDI 10 SEPTEMBRE

SEPTEMBRE 2020

VENDREDI
11
SEPTEMBRE

SAMEDI
12
SEPTEMBRE

DIMANCHE
13
SEPTEMBRE

 SEMAINE 38

LUNDI
14
septembre

MARDI
15
septembre

MERCREDI
16
septembre

JEUDI
17
septembre

SEPTEMBRE 2020

VENDREDI
18
SEPTEMBRE

SAMEDI
19
SEPTEMBRE

DIMANCHE
20
SEPTEMBRE

 SEMAINE 39

LUNDI
21
septembre

MARDI
22
septembre

MERCREDI
23
septembre

JEUDI
24
septembre

SEPTEMBRE 2020

VENDREDI
25
SEPTEMBRE

SAMEDI
26
SEPTEMBRE

DIMANCHE
27
SEPTEMBRE

 SEMAINE 40

LUNDI
28
septembre

MARDI
29
septembre

MERCREDI
30
septembre

JEUDI
01
octobre

SEPTEMBRE — OCTOBRE

VENDREDI
02
OCTOBRE

SAMEDI
03
OCTOBRE

DIMANCHE
04
OCTOBRE

OCTOBRE

SEP 2020
LU	MA	ME	JE	VE	SA	DI
	1	2	3	4	5	6
7	8	9	10	11	12	13
14	15	16	17	18	19	20
21	22	23	24	25	26	27
28	29	30				

TO DO'S
- ☐ _____
- ☐ _____
- ☐ _____
- ☐ _____
- ☐ _____
- ☐ _____
- ☐ _____
- ☐ _____

NOV 2020
LU	MA	ME	JE	VE	SA	DI
						1
2	3	4	5	6	7	8
9	10	11	12	13	14	15
16	17	18	19	20	21	22
23	24	25	26	27	28	29
30						

LUNDI	MARDI	MERCREDI
28	29	30
5	6	7
12	13	14
19	20	21
26	27	28
2	3	4

2020

JEUDI	VENDREDI	SAMEDI	DIMANCHE
1	2	3	4
8	9	10	11
15	16	17	18
22	23	24	25
29	30	31	
5	6	7	8

 # SEMAINE 41

LUNDI
05
OCTOBRE

MARDI
06
SEPTEMBRE

MERCREDI
07
SEPTEMBRE

JEUDI
08
OCTOBRE

OCTOBRE 2020

VENDREDI
09
OCTOBRE

SAMEDI
10
OCTOBRE

DIMANCHE
11
OCTOBRE

 SEMAINE 42

LUNDI
12
OCTOBRE

MARDI
13
SEPTEMBRE

MERCREDI
14
SEPTEMBRE

JEUDI
15
OCTOBRE

OCTOBRE 2020

VENDREDI
16
OCTOBRE

SAMEDI
17
OCTOBRE

DIMANCHE
18
OCTOBRE

 SEMAINE 43

LUNDI 19 OCTOBRE

MARDI 20 SEPTEMBRE

MERCREDI 21 SEPTEMBRE

JEUDI 22 OCTOBRE

OCTOBRE 2020

VENDREDI
23
OCTOBRE

SAMEDI
24
OCTOBRE

DIMANCHE
25
OCTOBRE

SEMAINE 44

LUNDI
26
OCTOBRE

MARDI
27
SEPTEMBRE

MERCREDI
28
SEPTEMBRE

JEUDI
29
OCTOBRE

OCTOBRE—NOVEMBRE 2020

VENDREDI
30
OCTOBRE

SAMEDI
31
OCTOBRE

DIMANCHE
01
NOVEMBRE

NOVEMBRE

OCT 2020
LU MA ME JE VE SA DI
					1	2	3	4
5	6	7	8	9	10	11
12	13	14	15	16	17	18
19	20	21	22	23	24	25
26	27	28	29	30	31

DÉC 2020
LU MA ME JE VE SA DI
1	2	3	4	5	6
7	8	9	10	11	12	13
14	15	16	17	18	19	20
21	22	23	24	25	26	27
28	29	30	31

TO DO'S

- [ ]
- [ ]
- [ ]
- [ ]
- [ ]
- [ ]
- [ ]
- [ ]
- [ ]

LUNDI	MARDI	MERCREDI
26	27	28
2	3	4
9	10	11
16	17	18
23	24	25
30		

2020

JEUDI	VENDREDI	SAMEDI	DIMANCHE
29	30	31	1
5	6	7	8
12	13	14	15
19	20	21	22
26	27	28	29

SEMAINE 45

LUNDI 02 NOVEMBRE

MARDI 03 NOVEMBRE

MERCREDI 04 NOVEMBRE

JEUDI 05 NOVEMBRE

NOVEMBRE 2020

VENDREDI
06
NOVEMBRE

SAMEDI
07
NOVEMBRE

DIMANCHE
08
NOVEMBRE

 SEMAINE 46

LUNDI
09
NOVEMBRE

MARDI
10
NOVEMBRE

MERCREDI
11
NOVEMBRE

JEUDI
12
NOVEMBRE

NOVEMBRE 2020

VENDREDI
13
NOVEMBRE

SAMEDI
14
NOVEMBRE

DIMANCHE
15
NOVEMBRE

 SEMAINE 47

LUNDI
16
NOVEMBRE

MARDI
17
NOVEMBRE

MERCREDI
18
NOVEMBRE

JEUDI
19
NOVEMBRE

NOVEMBRE 2020

VENDREDI
20
NOVEMBRE

SAMEDI
21
NOVEMBRE

DIMANCHE
22
NOVEMBRE

SEMAINE 48

LUNDI 23 novembre

MARDI 24 novembre

MERCREDI 25 novembre

JEUDI 26 novembre

NOVEMBRE 2020

VENDREDI
27
NOVEMBRE

SAMEDI
28
NOVEMBRE

DIMANCHE
29
NOVEMBRE

NOV 2020

LU MA ME JE VE SA DI

						1
2	3	4	5	6	7	8
9	10	11	12	13	14	15
16	17	18	19	20	21	22
23	24	25	26	27	28	29
30						

DÉCEMBRE

LUNDI	MARDI	MERCREDI
30	1	2
7	8	9
14	15	16
21	22	23
28	29	30

TO DO'S

- [ ]
- [ ]
- [ ]
- [ ]
- [ ]
- [ ]
- [ ]
- [ ]
- [ ]

JAN 2021

LU MA ME JE VE SA DI

				1	2	3
4	5	6	7	8	9	10
11	12	13	14	15	16	17
18	19	20	21	22	23	24
25	26	27	28	29	30	31

2020

JEUDI	VENDREDI	SAMEDI	DIMANCHE
3	4	5	6
10	11	12	13
17	18	19	20
24	25	26	27
31	1	2	3

 SEMAINE 49

LUNDI
30
NOVEMBRE

MARDI
01
DÉCEMBRE

MERCREDI
02
DÉCEMBRE

JEUDI
03
DÉCEMBRE

NOVEMBRE — DÉCEMBRE 2020

VENDREDI
04
DÉCEMBRE

SAMEDI
05
DÉCEMBRE

DIMANCHE
06
DÉCEMBRE

 SEMAINE 50

LUNDI
07
DÉCEMBRE

MARDI
08
DÉCEMBRE

MERCREDI
09
DÉCEMBRE

JEUDI
10
DÉCEMBRE

DÉCEMBRE 2020

VENDREDI
11
DÉCEMBRE

SAMEDI
12
DÉCEMBRE

DIMANCHE
13
DÉCEMBRE

 SEMAINE 51

LUNDI 14
DÉCEMBRE

MARDI 15
DÉCEMBRE

MERCREDI 16
DÉCEMBRE

JEUDI 17
DÉCEMBRE

DÉCEMBRE 2020

VENDREDI
18
DÉCEMBRE

SAMEDI
19
DÉCEMBRE

DIMANCHE
20
DÉCEMBRE

SEMAINE 52

LUNDI 21 DÉCEMBRE

MARDI 22 DÉCEMBRE

MERCREDI 23 DÉCEMBRE

JEUDI 24 DÉCEMBRE

DÉCEMBRE 2020

VENDREDI
25
DÉCEMBRE

SAMEDI
26
DÉCEMBRE

DIMANCHE
27
DÉCEMBRE

 **SEMAINE 53**

LUNDI
28
DÉCEMBRE

MARDI
29
DÉCEMBRE

MERCREDI
30
DÉCEMBRE

JEUDI
31
DÉCEMBRE

DÉCEMBRE 2020 — JANVIER 2021

VENDREDI
01
JANVIER

SAMEDI
02
JANVIER

DIMANCHE
03
JANVIER

NOTES

2021

JAN 2021
LU	MA	ME	JE	VE	SA	DI
				1	2	3
4	5	6	7	8	9	10
11	12	13	14	15	16	17
18	19	20	21	22	23	24
25	26	27	28	29	30	31

FÉV 2021
LU	MA	ME	JE	VE	SA	DI
1	2	3	4	5	6	7
8	9	10	11	12	13	14
15	16	17	18	19	20	21
22	23	24	25	26	27	28

MAR 2021
LU	MA	ME	JE	VE	SA	DI
1	2	3	4	5	6	7
8	9	10	11	12	13	14
15	16	17	18	19	20	21
22	23	24	25	26	27	28
29	30	31				

AVR 2021
LU	MA	ME	JE	VE	SA	DI
			1	2	3	4
5	6	7	8	9	10	11
12	13	14	15	16	17	18
19	20	21	22	23	24	25
26	27	28	29	30		

MAI 2021
LU	MA	ME	JE	VE	SA	DI
					1	2
3	4	5	6	7	8	9
10	11	12	13	14	15	16
17	18	19	20	21	22	23
24	25	26	27	28	29	30
31						

JUIN 2021
LU	MA	ME	JE	VE	SA	DI
	1	2	3	4	5	6
7	8	9	10	11	12	13
14	15	16	17	18	19	20
21	22	23	24	25	26	27
28	29	30				

JUIL 2021
LU	MA	ME	JE	VE	SA	DI
			1	2	3	4
5	6	7	8	9	10	11
12	13	14	15	16	17	18
19	20	21	22	23	24	25
26	27	28	29	30	31	

AOÛT 2021
LU	MA	ME	JE	VE	SA	DI
						1
2	3	4	5	6	7	8
9	10	11	12	13	14	15
16	17	18	19	20	21	22
23	24	25	26	27	28	29
30	31					

SEP 2021
LU	MA	ME	JE	VE	SA	DI
		1	2	3	4	5
6	7	8	9	10	11	12
13	14	15	16	17	18	19
20	21	22	23	24	25	26
27	28	29	30			

OCT 2021
LU	MA	ME	JE	VE	SA	DI
				1	2	3
4	5	6	7	8	9	10
11	12	13	14	15	16	17
18	19	20	21	22	23	24
25	26	27	28	29	30	31

NOV 2021
LU	MA	ME	JE	VE	SA	DI
1	2	3	4	5	6	7
8	9	10	11	12	13	14
15	16	17	18	19	20	21
22	23	24	25	26	27	28
29	30					

DÉC 2021
LU	MA	ME	JE	VE	SA	DI
		1	2	3	4	5
6	7	8	9	10	11	12
13	14	15	16	17	18	19
20	21	22	23	24	25	26
27	28	29	30	31		

VACANCES EN FRANCE

2019	2020	
01. Janvier	01. Janvier	Jour de l'an
19. Avril	10. Avril	Vendredi saint
22. Avril	13. Avril	Lundi de Pâques
01. Mai	01. Mai	Fête du Travail
08. Mai	08. Mai	Fête de la Victoire
30. Mai	21. Mai	Ascension
10. Juin	01. Juin	Lundi de Pentecôte
14. Juillet	14. Juillet	Fête Nationale
15. Août	15. Août	Assomption
01. Novembre	01. Novembre	Toussaint
11. Novembre	11. Novembre	Armistice de 1918
25. Décembre	25. Décembre	Noël
26. Décembre	26. Décembre	Deuxième jour de Noël

CONTACTS

NOM	É-MAIL	MOBILE

MOTS DE PASSE

WEBSITE	É-MAIL	MOT DE PASSE

© 2018 by Mertens Ventrues Ltd.
Tefkrou Anthia No 2, Office 301, 6045 Larnaca, Cyprus
All rights reserved. No part of this publication may be reproduced,
distributed, or transmitted in any form or by any means, including
photocopying, recording, or other electronic or mechanical methods,
without the prior written permission of the publisher, except in the
case of brief quotations embodied in critical reviews and certain
other noncommercial uses permitted by copyright law.

E-Mail: kontakt@mertenspublication.de